AF335956

M. ANDRAUD,

Ingénieur civil, auteur du Traité de l'air comprimé,

comme force motrice, etc.

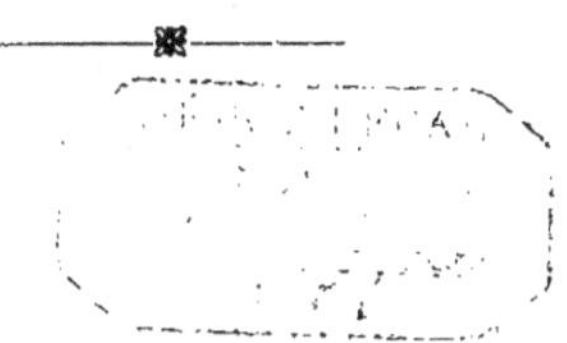

M. Andraud se recommande à l'intérêt, à l'estime publique par des mérites qu'on voit bien rarement réunis. Qu'on lise, en effet, cette esquisse, si brève encore malgré son étendue, et que l'on dise s'il est beaucoup d'hommes du jour plus remarquables que celui qui en est l'objet.

M. Andraud (Antoine), né à Moulins (Allier), en février 1795, eut pour premier précepteur un oratorien, M. Thiriot, neveu de l'ami de Voltaire, philosophe modeste qui s'appliqua à donner à son élève le goût des compositions littéraires et de l'étude des sciences. Il commença ses humanités

1851

au lycée de Moulins, et les termina à Paris au lycée Napoléon.

Il débuta, dans sa jeunesse, par quelques ouvrages dramatiques qui furent joués avec succès sur le théâtre de sa province, mais qu'il ne voulut pas faire imprimer. Il a toujours eu une grande insouciance pour ses essais poétiques; en voici un exemple : En 1825, le gouvernement ouvrit un concours pour la composition d'un poëme lyrique ; un prix de six mille francs était promis au vainqueur. Plus de cinquante rivaux s'étaient mis sur les rangs. M. Andraud envoya au concours, comme par désœuvrement, une pièce qui dormait dans son portefeuille avec beaucoup d'autres, car il composait pour le plaisir de composer, et éprouvait une invincible répugnance à produire ses œuvres. Il était à la campagne, lorsque au bout de quelques mois, un de ses amis lui écrivit que son *Siége de Tunis* (c'était le titre de l'ouvrage) l'avait emporté. — Cette décision du jury académique le surprit et lui fit relire avec soin sa pièce, qu'il trouva fort médiocre ; il comprit alors à quel point en était la poésie en France, cela le confirma dans la résolution de se livrer désormais à l'étude des sciences. Quant au prix remporté, il négligea d'aller le réclamer ainsi que son manuscrit.

Après avoir passé quelques années dans l'enseignement, M. Andraud entreprit, avec quelques-uns de ses amis, qui sont devenus depuis des

Hommes distingués, la biographie par départements, sous le nom de *Statistique morale de la France*. Cet ouvrage qui avait exigé des recherches immenses, était un commencement de cette décentralisation aujourd'hui tant désirée. Malheureusement la révolution de 1830 arrêta à son début cette grande publication ; il ne parut que les biographies des départements de la Provence.

Entré dans l'administration publique (inspection générale des approvisionnements de Paris), M. Andraud y apporta cet esprit novateur qui le distingue. Les réformes qu'il introduisit dans son service eurent pour résultat d'en diminuer l'importance et de réduire son traitement ; c'était-là un mauvais exemple qui suscita contre le fonctionnaire réformateur de sourdes menées. M. Andraud ne crut pas devoir user sa vie à lutter contre des ennemis dans l'ombre. Quoique sans fortune, il se démit de son emploi pour se livrer entièrement à ses études de prédilection.

En 1834, il fit connaître pour la première fois sa théorie des inondations. A ce sujet, nous nous bornerons à citer la lettre suivante, que notre inventeur adressa, le 26 octobre 1846, au *Moniteur industriel* :

« C'est à tort qu'on attribue généralement à la pluie ou à la fonte des neiges les grandes et subites inondations qui, de temps à autre, viennent désoler les populations riveraines de nos fleuves :

une longue série d'observations relatives à cet objet m'a conduit à reconnaître que ces crues soudaines sont le résultat de quelques violentes perturbations météorologiques qui se sont manifestées sur un des points du globe, soit à la surface, soit à l'intérieur, et ordinairement dans l'hémisphère opposé à celui où les inondations ont lieu. Sans doute, les neiges qui fondent aux approches du printemps, ou les pluies, lorsqu'elles ont quelque durée, exercent une certaine influence sur l'élévation plus ou moins grande des rivières ; mais il n'en résulte jamais que des crues lentes et peu considérables. Pour expliquer ces vastes et soudaines inondations qui arrivent et disparaissent en quelques heures, il faut chercher des causes plus énergiques. Ce n'est pas ici le lieu d'entrer dans les détails des faits sur lesquels j'ai formé mon opinion et d'entamer une discussion scientifique ; je me borne à dire ce que j'ai dit et écrit plusieurs fois : c'est qu'à quelques exceptions près, chaque fleuve ou rivière qui coule sur la surface de la terre est accompagné d'une sorte de fleuve parallèle souterrain ou plutôt de masses d'eau stagnante avec lesquelles il communique, surtout vers les sources, par des conduits verticaux ou obliques ; c'est ce qui produit dans les temps de sécheresse, où il y a absorption, notamment dans les fleuves à lit sablonneux comme la Loire, ces tourbillons où l'eau s'engouffre comme dans des entonnoirs ; dans ce cas, c'est le fleuve supérieur qui descend dans les eaux inférieures. On a vu ainsi des rivières se tarir complètement du jour au lendemain. Eh bien, c'est par ces conduits, sorte de puits de communication, que les lacs inférieurs, comprimés pour ainsi dire par l'action de quelque violente secousse lointaine, rejaillissent dans les fleuves supérieurs et y jettent presque instantané- ment ces immenses volumes d'eau tourbeuse qui portent partout la dévastation. Il suit de là que l'on doit considérer les hautes crues qui surgis- sent inopinément comme l'indice d'un désastre arrivé dans quelque partie éloignée du globe. « Aussi je tiens pour certain que le dernier débor- dement de la Loire et de ses affluents est le contre- coup d'une tempête, d'un ouragan ou d'un trem- blement de terre qui aura éclaté quelque part, en Amérique peut-être, et plus probablement dans les Antilles, attendu que ces îles sont coutumières du fait. Il n'y aurait rien d'étonnant si, dans quelques semaines, de tristes nouvelles nous ar- rivaient de ces régions.

» Depuis des siècles, on est accoutumé à vivre sur bien des erreurs ; celle qui consiste à attribuer les grandes et soudaines inondations à la pluie ou à la neige fondue peut inspirer une dangereuse confiance aux populations qui se laissent toujours prendre au dépourvu, et aux gouvernements dont la mission est de veiller à la sûreté de tous.

Peut-être qu'une connaissance plus exacte de la cause de ces grands désastres suggéreraient aux uns et aux autres des mesures de précaution et des moyens de défense plus efficaces que ceux qui ont été employés jusqu'à ce moment. C'est là la seule considération qui m'ait porté à publier sur un sujet, mis si malheureusement à l'ordre du jour, une opinion dont le temps et l'observation démontreront la certitude

» ANDRAUD. »

Un mois après la publication de cette lettre, les nouvelles arrivées des Antilles apprirent que ces contrées avaient été bouleversées par d'effroyables ouragans ; jamais prédiction ne s'est accomplie avec plus de ponctualité. Chacun pourra désormais vérifier l'exactitude de cette importante découverte scientifique touchant les inondations.

Jusque-là, les études de M. Andraud n'avaient pas eu d'objet bien déterminé. L'apparition des chemins de fer imprima à ses idées une direction fixe. Il y avait trop de poésie dans ces chevaux de feu qui entraînaient des populations entières dans leurs courses effrayantes, pour ne pas frapper vivement une imagination travaillée du besoin d'inventer et de perfectionner. Il se demanda pourtant s'il y avait là profit ou dommage pour l'humanité. Sous le point de vue de la rapidité des

transports, le progrès était évident ; mais y avait-il également progrès sous le rapport de la dignité humaine ? Le voyageur libre et contemplatif ne descendait-il pas au rôle d'un ballot qu'on expédie d'un point à un autre ? Il dit quelque part : « Il
» faut le proclamer hautement, ce grand problème
» de la locomotion a été mal résolu ; on a con-
» fondu deux choses bien distinctes : la voie fer-
» rée et l'instrument de traction. On n'a pas vu
» que ces humbles barres de fer posées à terre
» constituent à elles seules toute la merveille de
» l'invention et que la locomotive n'en est que
» l'agent accessoire; agent prodigieux sans doute,
» mais essentiellement ruineux. Eh bien ! tout a
» été sacrifié à l'accessoire; là est la faute. Si,
» au lieu de se laisser éblouir par la puissance de
» cette monstrueuse machine, on en avait froide-
» ment analysé le travail, on aurait compris les
» infirmités de son organisme et les fatales né-
» cessités qu'elles entraînent, on aurait compris
» qu'il fallait chercher un agent de traction plus
» simple qui voulût bien se contenter de la terre,
» telle à peu près que Dieu l'a faite; qui n'exigeât
» pas le comblement des vallées et le percement
» des montagnes, qui pût, au besoin, fonction-
« ner sur nos routes ordinaires, se prêtant aux
» variations diverses du service, et qui fût enfin
» plus économe de la bourse et de la vie des
» voyageurs. »

C'est alors que **M**. Andraud conçut le projet d'employer le ressort de l'air comme force motrice, non seulement sur les chemins de fer, mais dans toutes les industries qui exigent l'emploi d'une force quelconque ; telle est l'origine de l'*Aërodynamique*, science nouvelle dont **M**. Andraud peut être considéré comme le créateur.

Mais pendant qu'il s'occupait à réunir les matériaux nécessaires à la mise en œuvre de cette grande entreprise, il arriva à notre poète-ingénieur une singulière aventure : il reçut un jour du directeur de la comédie française, une lettre qui l'informait que, par suite de recherches faites dans les cartons du théâtre, on avait trouvé le manuscrit d'une tragédie de *Philippe III*, dont la représentation semblait promettre quelque sucsès. En eonséquence, on demandait à l'auteur l'autorisation de la jouer. M. Andraud se rappela, en effet, avoir déposé à la comédie française, il y avait une douzaine d'années, cette tragédie qu'il avait composée au collége de Juilly, où il était resté quelque temps en qualité de professeur. Le rôle de Philippe-le-Hardi devait être joué par Talma qui, ayant lu la pièce, avait encouragé l'auteur à la présenter au comité, ce qu'il fit; mais, peu de temps après, le grand acteur mourut. M. Andraud estima que la tragédie était morte aussi, et ne s'occupa plus de son œuvre tragique. Il ne fut donc pas peu surpris, lorsqu'après tant d'années, il la vit ressusciter. Il donna très-volontiers l'autorisation qu'on lui demandait, mais à condition qu'il ne se mêlerait de rien. Le 13 juillet 1838, *Philippe III* fut représenté avec succès ; malheureusement, ce succès fut interrompu par les débuts éclatants de Mlle Rachel , qui eurent lieu à cette époque. Les circonstances singulières dans lesquelles apparut cette œuvre tragique , jointes au mérite de l'ouvrage, en firent l'événement littéraire du jour. Un de nos critiques dit que, si cette pièce avait été représentée dans le temps où elle fut composée, c'est-à-dire pendant la lutte acharnée des classiques et des romantiques , elle aurait suscité des applaudissements à faire écrouler la salle. *Philippe III* était écrit dans des conditions dramatiques nouvelles; c'était une œuvre de fusion.

L'occasion était belle pour M. Andraud d'entrer dans la carrière du théâtre; mais il résista à la tentation : s'il croit avoir bien fait, nous oserons n'être pas de son avis; car un esprit aussi actif que le sien pouvait fort bien concilier le culte des lettres avec celui de la science.

Au mois de Mars 1839, parut son *Traité de l'air comprimé, employé comme force motrice* ou *des forces naturelles recueillies gratuitement et mises en réserve.* Cette publication produisit une très-vive sensation dans le monde savant et même parmi les littérateurs; car les questions de philosophie naturelle y sont exposées à la manière de Buffon, dans un style qui donne à cette lecture éminemment sérieuse tout l'intérêt d'un roman. Voici comment débute cette exposition :

« Je me propose de rendre meilleures toutes
» les conditions de l'industrie humaine, en indi-
» quant l'emploi d'une force immense que la na-
» ture nous offre partout avec profusion. Je dirai
» comment cette force recueillie gratuitement,
» peut se mettre en réserve pour être employée
» en temps et lieux convenables.

» Tous les actes du travail qui donne la vie à
» nos sociétés s'opèrent par la force brute réglée
» par l'intelligence. Mais cette force n'a pas été
» toujours la même : il est bon d'observer les mo-
» difications qu'elle a subies à travers les siécles.
» Dans les premiers temps, l'homme n'usait que
» de sa propre force ; plus tard, il emprunta celle
» des animaux domestiques ; plus tard encore, la
» chute des eaux, et enfin, de nos jours, l'expan-
» sion de la vapeur. Or, nous remarquons que la
» force de l'homme est plus faible et plus coû-
» teuse que celle des animaux ; que la force des
» animaux est plus faible et plus coûteuse que celle
» des chutes d'eau ; et que la force des chutes
» d'eau (bien placées) est plus faible et plus coû-
» teuse que celle de la vapeur. Le terme naturel
» de cette progression, est d'arriver à une force
» d'une puissance indéfinie et qui ne coûte rien.
» Eh bien ! cette force, destinée à changer la face

» du monde matériel, et par suite du monde mo-
» ral, elle réside dans l'expansion de l'air com-
» primé par les eaux et par les vents. »

Viennent ensuite les développements que l'auteur donne à cette pensée-mère ; il indique non-
seulement les moyens de récolter les forces naturelles, de les conserver et de les distribuer ; mais
il trace à grands traits toutes les applications qui
pourront en être faites dans l'avenir ; il y a là cer-
tainement un programme de travaux capables
d'occuper pendant plus de cent ans l'activité de
nos ingénieurs. Non content d'avoir exposé théo-
riquement sa nouvelle doctrine industrielle, l'inventeur a voulu lui-même mettre la main à l'œuvre, et faire comme le philosophe qui, pour prou-
ver le mouvement qu'on niait, se mit à marcher ;
une première série d'expériences, qui a duré plus
de deux ans, a démontré que toutes les proposi-
tions hardies qu'on regardait comme des fantai-
sies d'imagination étaient fondées sur des calculs
exacts et pouvaient se réaliser. Alors fut publiée
une seconde édition du traité de l'*Air comprimé*,
suivi du compte-rendu des expériences, dans lequel on lit la conclusion que voici :

« Le caractère distinctif de notre époque est de
» rechercher dans les sciences leur côté utile,
» pour en faire l'application aux besoins divers de
» l'industrie. Cette pensée a été constamment la
» nôtre, soit que nous ayons exposé théorique-

» ment la nouvelle doctrine des forces naturelles,
» soit que, par une longue série d'expériences,
» nous ayons voulu appuyer cette doctrine sur des
» faits évidents, afin de la soustraire aux entraves
» d'une polémique stérile. Aujourd'hui que nos
» travaux d'essai ont obtenu les résultats que nous
» en attendions, nous pensons que le moment est
» venu de travailler à la réalisation de nos vues
» sur l'emploi des forces gratuites des eaux et des
» vents, et sur la transformation et la conserva-
» tion de ces forces par l'air comprimé ; mais cette
» grande œuvre ne peut être confiée qu'au génie
» tout-puissant de l'association ; dans cette cir-
» constance, le concours des hommes d'intelli-
» gence et de cœur, ne nous manquera pas. Il sera
» honorable et à la fois profitable de nous secon-
» der. Nous mettrons aussi, avec confiance, sous
» le patronage du gouvernement, notre entreprise,
» dont il comprendra l'importance future. Ceux
» entre les mains de qui repose la destinée des
» Etats, sont plus tenus que tous les autres de
» prévoir les chances de l'avenir ; or, le système de
» nos forces gratuites doit se recommander à leur
» attention par des considérations qui échappent
» aux intérêts privés. Nous le demandons, su^r
» quelle base est assise aujourd'hui l'industrie des
» peuples ? Sur la houille. Mais en aurez-vous tou-
» jours ? N'est-ce pas là une source de richesses
» qui doit se tarir en peu d'années ? Si grand que

» soit un trésor, il s'épuise bientôt lorsqu'on y
» prend sans cesse et qu'on n'y apporte rien. On
» aménage les forêts, qui renaissent d'elles-mê-
» mes; mais on ne saurait aménager des houil-
» lères, qui ne se reproduisent pas. Savez-vous
» que la nature a mis deux on trois mille ans à la
» formation de ces couches de charbon que vous
» brulez en quelques années. L'équilibre peut-il se
» maintenir longtemps entre une consommation si
» active et une production si lente? Je sais bien que
» sur ce point chacun se fait isolément illusion. De-
» mandez à ce nouveau propriétaire combien du-
» rera sa nouvelle extraction ; il y en aura pour
» un siècle au moins ; et cependant au bout d'un
» an ou deux, ses puits seront vides, inondés ou
» incendiés. Le catalogue serait long des mines
» épuisées aujourd'hui, qui avaient hier la répu-
» tation d'inépuisables. A-t-on remarqué aussi
» avec quelle rapidité s'accroît la dépense de ce
» combustible? Il y a cinquante ans, et qu'est-ce
» que cinquante ans dans la vie d'une nation? la
» France brûlait à peine quatre millions de quin-
» taux métriques de charbon ; aujourd'hui, elle en
» consomme plus de quarante-trois millions. Que
» sera-ce donc lorsque toutes nos villes s'éclaire-
» ront au gaz comme Paris, lorsque nous aurons
» couvert notre territoire d'un réseau de chemins
» de fer, lorsque d'innombrables bateaux à vapeur
» sillonneront nos canaux et nos rivières, lorsque

» enfin chacun de nos bâtiments-monstres, fran-
» chissant l'Atlantique , emportera à chaque
» voyage, pour la dévorer , une montagne de
» houille ? Croit-on que les entrailles de la terre
» puissent longtemps suffire à une telle consom-
» mation, et n'y a t-il pas lieu de craindre que
» l'industrie, par laquelle vivent nos sociétés mo-
» dernes, ne soit destinée, dans un avenir très
» prochain, à périr faute d'aliments ? Eh bien ! le
» système dynamique que nous voulons établir,
» pare à cette désastreuse éventualité : nous ve-
» nons substituer à un principe dispendieux, in-
» certain , étroitement local et temporaire , un
» principe gratuit, large, universel et impérissable.
» Dans vingt ans, peut-être, les flancs de la terre,
» fouillés par les mains du mineur, seront épui-
» sés ; mais il y aura toujours et partout de l'air,
» des fleuves et des vents ! »

Ce langage fut entendu de tous ceux qui ont
souci de l'industrie nationale ; le gouvernement
lui-même s'en émut. Une locomotive à air comprimé fut commandée à M. Andraud. Dans le courant des mois d'août et de septembre 1844, la locomotive à air, du poids de 5 tonnes, fut essayée
sur le chemin de fer de la rive gauche et fonctionna
avec succès, en présence d'un très grand concours
de spectateurs. — Cette expérience valut à son
auteur des admirateurs enthousiastes et quelques
détracteurs passionnés. — M. Andraud, exami-

nant froidement son œuvre, pensa qu'il y avait
mieux à faire ; voici ce qu'il dit dans un mémoire
publié en 1847 : — « Grâce à la bienveillance du
» gouvernement, j'ai pu, dans le courant de 1844,
» faire fonctionner une locomotive à air compri-
» mé ; tous les journaux du temps ont rendu
» compte du succès de cette première tentative.
» Ce ne fut pourtant pas là pour moi une solution
» complète du problème : je faisais bien disparaître
» le feu et ses dangers ; mais en tant que locomo-
» tive , mon appareil ne pouvait fonctionner,
» comme les remorqueurs à feu, que sur de faibles
» pentes et dans des courbes à grands rayons. Je
» n'évitais donc pas, autant que je l'aurais voulu,
» les déblais, les remblais et les travaux d'art, ces
» sources de dépenses énormes qui écrasent l'in-
» dustrie actuelle des chemins de fer. Je dois dire
» aussi que la conservation de l'air très fortement
» comprimé, comme il doit l'être pour alimenter
» une locomotive, présente, dans l'état présent de
» notre industrie, d'assez graves difficultés ; j'ai
» donc cherché à perfectionner mon procédé de
» traction, en supprimant tout à fait les locomo-
» tives ; arrivant ainsi à ne traîner sur les lignes
» de fer que le *poids utile* et dans des conditions
» d'économie telles, que je puis maintenant fran-
» chir des côtes de 2 à 3 centimètres par mètre et
» marcher dans des courbes à petits rayons de 80
» à 100 mètres. »

M. Andraud présente ensuite la description des chemins *éoliques* qui ont été expérimentés en grand au Pecq, pendant les années 1847, 1848 et 1849, au milieu de nos agitations politiques et de nos guerres civiles. Un tronçon de ce chemin d'essai a été apporté à Paris où il a fonctionné aux yeux du public avec divers autres appareils à air. Le 24 août, *la Gazette de France* a fait connaître, en ces termes spirituels, à quel point en est présentement cette grande question de l'air employé comme force motrice :

« Si le hasard vous conduit du côté des Champs-Élysées, vers le Cours-la-Reine, au n° 12, vous trouverez une large porte ouverte à tout le monde ; entrez et vous assisterez gratis au spectacle le plus sérieusement curieux qu'il soit possible de voir. Deux hommes tournent une roue ; ils compriment de l'air, et cet air va s'emprisonner dans de longs canaux invisibles sous le sol d'un vaste terrain ; ce sont là les antres d'Eole. Ce dieu qui, du temps de Virgile, ne savait que diriger les tempêtes, se pose aujourd'hui comme le régulateur de l'industrie humaine ; regardez : voici une machine à vapeur sans eau et sans feu, il suffit d'ouvrir ou de fermer un robinet et la machine docile marche ou s'arrête, et accomplit tout travail qu'on peut obtenir d'un mouvement circulaire.

» Cet autre appareil va vous donner l'image d'un mouvement sans fin : un mince filet d'air pénétrant dans la colonne ascendante d'un syphon, l'eau, devenue plus légère, s'élève au-dessus de son niveau et retombe dans son réservoir, montant ainsi et descendant sans cesse jusqu'à évaporation.

» Voici un canon qui, multipliant la force de l'air injecté dans sa culasse, a éclaté sous la pression énorme de deux cents atmosphères et qui aurait résisté à la poudre.

» Que signifie ce mât qui se dresse à plus de quatre - vingts pieds au milieu du terrain? Ce mât vous figure le puits d'une mine aussi profonde que vous voudrez l'imaginer. Voyez-vous cette boîte qui trempe dans l'eau au fond du puits? Elle contient un appareil dans lequel l'air condensé, centuplant sa propre force, exerce sur l'eau une puissance telle, qu'il la peut faire jaillir à une hauteur qui n'a de limite que celle de la résistance des tuyaux d'ascension ; il n'y a plus de raison désormais pour que les mines restent inondées.

» Voulez-vous maintenant faire une course en chemin de fer? Voici un char éolique ; montez, il y a encore place pour un quinzième voyageur. Où est la locomotive? Il n'y en a point. Et les chevaux? Il n'y a que ceux d'Eole, et ils sont invisibles. C'est incompréhensible.

» Attendez ; le signal est donné, et vous êtes entraîné sans secousse et sans bruit ; vous prenez de suite une vitesse de huit à dix lieues à l'heure, qui bientôt serait de vingt lieues, s'il ne fallait pas vous arrêter immédiatement, car quelques secondes ont suffi pour parcourir la ligne, qui n'a que quelques centaines de mètres. Cependant vous avez monté une côte et tourné dans une forte courbe ; et, revenant par la gravité, vous retournez au point de départ. Véritablement, ce mode de locomotion est d'une simplicité admirable, d'une sécurité complète. Les femmes le comprennent et n'en ont pas peur ; les enfants l'expliquent.

» Maintenant, quel sera le résultat de ces curieuses exhibitions ? On dit que M. Andraud, l'infatigable inventeur, va être autorisé à construire un chemin éolique sur une légère galerie, de Paris à Vincennes. Le plus merveilleux de tout cela serait qu'un tel progrès pût s'accomplir en temps de République. »

Nous craignons aussi, pour notre part, que les travaux de M. Andraud ne demeurent indéfiniment suspendus , tant qu'un gouvernement rationnel ne sera pas rendu à la France.

Pendant les loisirs forcés que le malheur des temps impose à tous les hommes de pensée et d'action, M. Andraud n'a pas cessé de poursuivre ses infatigables recherches ; la science et l'humanité lui devront deux découvertes nouvelles de la plus haute importance : La première a pour objet la *Visibilité des Molécules de l'air*; la seconde se rapporte à la connaissance des véritables causes qui produisent les *Épidémies*.

Quant à la *Visibilité de l'air*, l'auteur n'ayant rien publié encore à ce sujet, nous n'en pourrions rien dire sans la bienveillante communication de quelqu'un des amis de **M. Andraud**. Nous sommes heureux d'être les premiers à entretenir nos lecteurs de l'invention de son *Aéroscope*. Rien n'égale la simplicité de cet appareil, avec lequel le physicien peut découvrir un nouveau monde. Au moyen d'une aiguille très-fine, faites un trou aussi petit que possible au milieu d'une carte (d'une carte de visite par exemple), regardez par ce trou un ciel pur, ou la lumière d'une lampe **enveloppée** dans un globe de verre dépoli, alors si **votre vue** n'est pas affaiblie, vous verrez les molécules de l'air avec autant de netteté qu'on voit un groupe d'étoiles pendant une belle nuit d'été. — Ces molécules d'air que vous voyez ne sont pas dans l'atmosphère qui vous environne; ce sont les molécules qui nagent dans le liquide que contient votre œil. Dans un Mémoire spécial que **M. Andraud** prépare, dit-on, sur cette matière, il donnera tous les développements que comporte une découverte qui ouvre des routes nouvelles aux observations du naturaliste.

Le choléra qui a exercé ses ravages à **Paris**, il y a deux ans, a été pour M. Andraud l'occasion d'observations assidues, qui ont mis à découvert les lois météorologiques en vertu desquelles les maladies publiques se produisent. Il a adressé à

ce sujet , la lettre qui suit, au président de l'A-
cadémie des Sciences, dans les premiers jours de
juin **1849** :

MONSIEUR LE PRÉSIDENT,

« Depuis que le choléra sévit à Paris avec plus
» ou moins de rigueur, c'est-à-dire depuis bientôt
» trois mois, j'ai observé journellement l'action
» de la machine électrique. Afin de m'assurer s'il
» n'y avait pas une certaine relation entre l'in-
» tensité du fléau et l'absence du fluide électrique
» répandu habituellement dans l'atmosphère.

» La machine qui a servi à mes observations
» journalières est assez forte : dans un temps or-
» dinaire elle donne, après deux ou trois tours de
» roues, des étincelles fulgurantes de cinq à six
» centimètres. J'ai pu d'abord remarquer que,
» depuis l'invasion de l'épidémie, il m'a été im-
» possible de reproduire une seule fois les mêmes
» étincelles : dans le courant des mois d'avril et
» de mai, les étincelles obtenues à grand'peine
» n'ont jamais dépassé deux à trois centimètres,
» et, à peu de chose près, leurs variations ont
» concordé avec les oscillations du choléra. C'é-
» tait déjà pour moi une forte présomption de
» croire que j'étais sur les traces du fait impor-
» tant que je cherchais à constater. Cependant je
» n'étais pas encore convaincu, parce qu'on pou-
» vait attribuer à l'état hygrométrique de l'air les
» irrégularités de la machine électrique. Aussi,

» attendais-je avec impatience l'arrivée du beau
» temps et de la chaleur pour continuer mes ob-
» servations avec plus de sécurité. Enfin, le beau
» temps et la chaleur sont venus, et à ma grande
« stupéfaction, la machine fréquemment consul-
» tée, loin d'accuser, comme cela aurait dû être,
» une augmentation d'électricité, n'en a donné
» que des signes de moins en moins sensibles, à
» tel point que, pendant les journées des 4, 5 et
» 6 juin, il a été impossible d'en obtenir autre
» chose que de légères crépitations sans étincel-
» les; enfin, le 7, la machine est restée complète-
» ment muette. Or, cette nouvelle décroissance
» du fluide électrique a parfaitement concordé,
» on ne le sait que trop, avec les nouvelles vio-
» lences du choléra; pour moi, j'en étais plus
» consterné qu'étonné. Ma conviction était faite;
» je n'y voyais que la conséquence nécessaire d'un
» fait bien constaté. On comprend avec quelle
» anxiété, dans ces moments de crise, je consul-
» tais ma machine, triste et fidèle interprète d'une
» grande calamité. Enfin, le 8 au matin, de faibles
» étincelles ont reparu; d'heure en heure, leur
» intensité augmentait; je sentais avec bonheur
» que le fluide vivifiant faisait retour dans l'atmos-
» phère. Vers le soir, un orage annonçait à Paris
» que l'électricité était rentrée dans son domaine.
» A mes yeux, c'était le choléra qui disparaissait
» avec la cause qui le produit. Le lendemain,

» samedi, 9, mes observations ont continué ;
» tout était alors rentré dans l'ordre. La machi-
» ne, au moindre attouchement, rendait avec
» facilité, je dirais presque avec joie, de vives étin-
» celles; on eût dit qu'elle avait conscience de la
» bonne nouvelle qu'elle nous apportait.

» J'ai cru devoir, M. le Président, donner im-
» médiatememt connaissance de ces faits à l'Aca-
» démie.

» La question me semble maintenant parfaite-
» ment éclaircie : la nature a mis dans l'atmos-
» phère une masse d'électricité qui contribue à
» l'entretien et au maintien de la vie. Si par une
» cause quelconque, cette masse d'électricité vient
» à être amoindrie et quelquefois appauvrie jus-
» qu'à l'épuisement, qu'arrive-t-il? tout le monde
» souffre; ceux qui portent en eux un approvision-
» nement suffisant d'électricité personnelle ré-
» sistent; ceux qui ne peuvent vivre qu'en faisant
» des emprunts d'électricité à la masse commune,
» cette masse étant épuisée, périssent.

» Ainsi s'explique avec clarté et d'une manière
» toute rationnelle, non seulement le choléra,
» mais aussi toutes les épidémies qui, de temps à
» autre, viennent affliger l'humanité.

» Si le grand fait dont il s'agit était reconnu et
» admis en principe, il serait, je crois, facile à la
» science médicale qui possède tant de moyens,
» de reproduire et de maintenir l'électricité, de

» se mettre en mesure de combattre avec succès,
» s'il revenait encore, le fléau que je regarde dès
» aujourd'hui, sinon comme complètement dis-
» paru, du moins comme virtuellement arrêté
» dans sa marche. »

Cette communication fut l'objet d'une vive et stérile discussion dans le sein de l'Académie, et eut un grand retentissement dans toute l'Europe. Aux-États-Unis, la nouvelle doctrine souleva une polémique très ardente, qui est restée aussi sans conclusion ; c'est là le défaut des corporations savantes de tous les pays ; la vanité y prend toujours le pas sur le vrai sentiment du bien public. Au lieu de disputer, ne valait-il pas mieux, par des expériences suivies et méthodiques, vérifier le fait annoncé par le physicien français ?

Nous pourrions citer de M. Andraud un grand nombre d'inventions ingénieuses ayant presque toutes quelques rapports avec l'application de la force de l'air, telles que sa *Turbine éolique*, sorte de moulin à vent toujours orienté, et sa *Roue fluviale*, machine hydraulique submergée, mise en mouvement par le courant des rivières. Cette dernière machine dont les premiers essais ont eu lieu dans la Seine en 1840, sont maintenant appliquées sur plusieurs des grands fleuves de l'Amérique! Nous pourrions citer aussi le *fil électrique lumineux*, invention toute récente de M. Andraud, laquelle pourrait bien un jour mener à l'éclairage gratuit.

Dans la double carrière qu'il a suivie comme savant et comme poète, M. Andraud a été amené à concevoir le projet d'un nouveau genre dramatique, lequel consisterait à exposer aux yeux du public, avec tous les prestiges de la pompe théâtrale, les grands faits de la science ; pensant avec raison qu'il serait bon d'offrir aux hommes un autre enseignement que celui qui résulte de la peinture de leurs ridicules ou de leurs crimes. L'idée de créer un *Théâtre scientifique* mérite assurément d'être accueillie et secondée par tous ceux qui pensent qu'une des choses les plus importantes aujourd'hui, est de moraliser le monde en l'éclairant.

Ainsi, qu'on le considère comme savant ou comme poète, M. Andraud est toujours original. Quel savant de nos jours a fait plus de découvertes utiles ? Et d'autre part, à quel poète est venue l'ingénieuse idée de donner aux représentations scéniques un autre but final que celui qu'elles ont eu jusqu'à ce jour, et qui, hélas ! est si rarement atteint ? Du moins, le sien le serait, celui d'instruire, et partant de moraliser, puisque plus l'homme est instruit, plus il a de moyens d'être heureux. Qui ne sent que le bonheur moralise, comme la misère déprave et corrompt ?

De Vaucher.

PARIS. — IMPRIMERIE DE MADAME DE LACOMBE, RUE D'ENGHIEN, 14.